海上絲綢之路基本文獻叢書

閩海關常稅則例（上）

〔清〕佚名 撰

文物出版社

圖書在版編目（CIP）數據

閩海關常税則例．上／（清）佚名撰．-- 北京：文物出版社，2022.7
（海上絲綢之路基本文獻叢書）
ISBN 978-7-5010-7575-1

Ⅰ．①閩… Ⅱ．①佚… Ⅲ．①海關税則－福建－清代 Ⅳ．①F752.59

中國版本圖書館 CIP 數據核字（2022）第 086577 號

海上絲綢之路基本文獻叢書

閩海關常税則例（上）

撰　　者：〔清〕佚名
策　　劃：盛世博閱（北京）文化有限責任公司

封面設計：鞏榮彪
責任編輯：劉永海
責任印製：蘇　林

出版發行：文物出版社
社　　址：北京市東城區東直門内北小街 2 號樓
郵　　編：100007
網　　址：http://www.wenwu.com
經　　銷：新華書店
印　　刷：北京旺都印務有限公司
開　　本：787mm×1092mm　1/16
印　　張：13.5
版　　次：2022 年 7 月第 1 版
印　　次：2022 年 7 月第 1 次印刷
書　　號：ISBN 978-7-5010-7575-1
定　　價：96.00 圓

總緒

海上絲綢之路，一般意義上是指從秦漢至鴉片戰争前中國與世界進行政治、經濟、文化交流的海上通道，主要分爲經由黄海、東海的海路最終抵達日本列島及朝鮮半島的東海航綫和以徐聞、合浦、廣州、泉州爲起點通往東南亞及印度洋地區的南海航綫。

在中國古代文獻中，最早、最詳細記載『海上絲綢之路』航綫的是東漢班固的《漢書·地理志》，詳細記載了西漢黄門譯長率領應募者入海『齎黄金雜繒而往』之事，書中所出現的地理記載與東南亞地區相關，并與實際的地理狀况基本相符。

東漢後，中國進入魏晉南北朝長達三百多年的分裂割據時期，絲路上的交往也走向低谷。這一時期的絲路交往，以法顯的西行最爲著名。法顯作爲從陸路西行到印度，再由海路回國的第一人，根據親身經歷所寫的《佛國記》（又稱《法顯傳》）一書，詳細介紹了古代中亞和印度、巴基斯坦、斯里蘭卡等地的歷史及風土人情，是瞭解和研究海陸絲綢之路的珍貴歷史資料。

隨着隋唐的統一，中國經濟重心的南移，中國與西方交通以海路爲主，海上絲綢之路進入大發展時期。廣州成爲唐朝最大的海外貿易中心，朝廷設立市舶司，專門管理海外貿易。唐代著名的地理學家賈耽（七三〇～八〇五年）的《皇華四達記》記載了從廣州通往阿拉伯地區的海上交通『廣州通夷道』，詳述了從廣州港出發，經越南、馬來半島、蘇門答臘半島至印度、錫蘭，直至波斯灣沿岸各國的航綫及沿途地區的方位、名稱、島礁、山川、民俗等。譯經大師義净西行求法，將沿途見聞寫成著作《大唐西域求法高僧傳》，詳細記載了海上絲綢之路的發展變化，是我們瞭解絲綢之路不可多得的第一手資料。

宋代的造船技術和航海技術顯著提高，指南針廣泛應用於航海，中國商船的遠航能力大大提升。北宋徐兢的《宣和奉使高麗圖經》詳細記述了船舶製造、海洋地理和往來航綫，是研究宋代海外交通史、中朝友好關係史、中朝經濟文化交流史的重要文獻。南宋趙汝適《諸蕃志》記載，南海有五十三個國家和地區與南宋通商貿易，形成了通往日本、高麗、東南亞、印度、波斯、阿拉伯等地的『海上絲綢之路』。宋代爲了加强商貿往來，於北宋神宗元豐三年（一〇八〇年）頒佈了中國歷史上第一部海洋貿易管理條例《廣州市舶條法》，并稱爲宋代貿易管理的制度範本。

元朝在經濟上採用重商主義政策，鼓勵海外貿易，中國與歐洲的聯繫與交往非常頻繁，其中馬可·波羅、伊本·白圖泰等歐洲旅行家來到中國，留下了大量的旅行記，記録元代海上絲綢之路的盛况。元代的汪大淵兩次出海，撰寫出《島夷志略》一書，記録了二百多個國名和地名，其中不少首次見於中國著録，涉及的地理範圍東至菲律賓群島，西至非洲。這些都反映了元朝時中西經濟文化交流的豐富内容。

明、清政府先後多次實施海禁政策，海上絲綢之路的貿易逐漸衰落。但是從明永樂三年至明宣德八年的二十八年裏，鄭和率船隊七下西洋，先後到達的國家多達三十多個，在進行經貿交流的同時，也極大地促進了中外文化的交流，這些都詳見於《西洋蕃國志》《星槎勝覽》《瀛涯勝覽》等典籍中。

關於海上絲綢之路的文獻記述，除上述官員、學者、求法或傳教高僧以及旅行者的著作外，自《漢書》之後，歷代正史大都列有《地理志》《四夷傳》《西域傳》《外國傳》《蠻夷傳》《屬國傳》等篇章，加上唐宋以來衆多的典制類文獻、地方史志文獻，集中反映了歷代王朝對於周邊部族、政權以及西方世界的認識，都是關於海上絲綢之路的原始史料性文獻。

海上絲綢之路概念的形成，經歷了一個演變的過程。十九世紀七十年代德國地理學家費迪南・馮・李希霍芬（Ferdinad Von Richthofen，一八三三～一九〇五），在其《中國：親身旅行和研究成果》第三卷中首次把輸出中國絲綢的東西陸路稱爲『絲綢之路』。有『歐洲漢學泰斗』之稱的法國漢學家沙畹（Édouard Chavannes，一八六五～一九一八），在其一九〇三年著作的《西突厥史料》中提出『絲路有海陸兩道』，蘊涵了海上絲綢之路最初提法。迄今發現最早正式提出『海上絲綢之路』一詞的是日本考古學家三杉隆敏，他在一九六七年出版《中國瓷器之旅：探索海上的絲綢之路》中首次使用『海上絲綢之路』一詞；一九七九年三杉隆敏又出版了《海上絲綢之路》一書，其立意和出發點局限在東西方之間的陶瓷貿易與交流史。

二十世紀八十年代以來，在海外交通史研究中，『海上絲綢之路』一詞逐漸成爲中外學術界廣泛接受的概念。根據姚楠等人研究，饒宗頤先生是華人中最早提出『海上絲綢之路』的人，他的《海道之絲路與昆侖舶》正式提出『海上絲路』的稱謂。選堂先生評價海上絲綢之路是外交、貿易和文化交流作用的通道。此後，大陸學者馮蔚然在一九七八年編寫的《航運史話》中，使用『海上絲綢之路』一詞，這是迄今學界查到的中國大陸最早使用『海上絲綢之路』的人，更多地限於航海活動領域的考察。一九八〇年北京大學陳炎教授提出『海上絲綢之路』研究，并於一九八一年發表《略論海上絲綢之路》一文。他對海上絲綢之路的理解超越以往，且帶有濃厚的愛國主義思想。陳炎教授之後，從事研究海上絲綢之路的學者越來越多，尤其沿海港口城市向聯合國申請海上絲綢之路非物質文化遺産活動，將海上絲綢之路研究推向新高潮。另外，國家把建設『絲綢之路經濟帶』和『二十一世紀海上絲綢之路』作爲對外發展方針，將這一學術課題提升爲國家願景的高度，使海上絲綢之路形成超越學術進入政經層面的熱潮。

與海上絲綢之路學的萬千氣象相對應，海上絲綢之路文獻的整理工作仍顯滯後，遠遠跟不上突飛猛進的研究進展。二〇一八年厦門大學、中山大學等單位聯合發起『海上絲綢之路文獻集成』專案，尚在醖釀當中。我們不揣淺陋，深入調查，廣泛搜集，將有關海上絲綢之路的原始史料文獻和研究文獻，分爲風俗物産、雜史筆記、海防海事、典章檔案等六個類别，彙編成《海上絲綢之路歷史文化叢書》，於二〇二〇年影印出版。此輯面市以來，深受各大圖書館及相關研究者好評。爲讓更多的讀者親近古籍文獻，我們遴選出前編中的菁華，彙編成《海上絲綢之路基本文獻叢書》，以單行本影印出版，以饗讀者，以期爲讀者展現出一幅幅中外經濟文化交流的精美畫卷，爲海上絲綢之路的研究提供歷史借鑒，爲『二十一世紀海上絲綢之路』倡議構想的實踐做好歷史的詮釋和注脚，從而達到『以史爲鑒』『古爲今用』的目的。

凡例

一、本編注重史料的珍稀性，從《海上絲綢之路歷史文化叢書》中遴選出菁華，擬出版百册單行本。

二、本編所選之文獻，其編纂的年代下限至一九四九年。

三、本編排序無嚴格定式，所選之文獻篇幅以二百餘頁爲宜，以便讀者閲讀使用。

四、本編所選文獻，每種前皆注明版本、著者。

五、本編文獻皆爲影印，原始文本掃描之後經過修復處理，仍存原式，少數文獻由於原始底本欠佳，略有模糊之處，不影響閱讀使用。

六、本編原始底本非一時一地之出版物，原書裝幀、開本多有不同，本書彙編之後，統一爲十六開右翻本。

目録

閩海關常稅則例（上）

閩海關常税則例（上）

卷上

〔清〕佚名 撰

清愛蓮書屋抄本

校對無訛

閩海關常稅則例

三山愛蓮書屋

閩海關例則卷上

目録

袍褂馬褂衫袄披風披肩背身甲仔襯褲

裙褲套

皮袍皮褂皮馬褂皮袄皮背身皮甲仔

皮褲皮褲套

帳幔帳眉被面夹被被頭褥椅褥椅墊

轎褥棹圍簾

枕面枕頭蓆毡毯領袖口

帶帶頭帶環手帕鏡帕汗巾縧線繩線

網線網紗

經緯纓絲苧蔴棉絨欄干

平口平口面荷包烟荷包烟包火燫包衣包

紙袋香袋扇袋看袋布袋兜肚搭連

被囊

冠巾笠帽頂色頭

靴鞋木屐襪跪剔膝褲

藥材

山珍海錯

菜蔬粮食茶子枸子菜子沙羅子椰子

桐子青子菜頭子
茶油檳榔椒料烟
籐椋草坭渣水

呢羽嗶吱錦絨綾絹班柔

什色呢　每丈二錢五分

厦　每疋作八身　每疋二両

泉　每疋二両

大紅呢　每疋十身　每身一丈　每身三錢

小呢　每疋五身　每身二丈　每身二錢五分

呢碎　每担二錢五分

羽毛緞　每丈二両

厦　每疋作五身　每身三錢

泉　每疋一両五錢

羽毛紗　每身一錢五分　疋五身

嗶吱緞　每丈一錢五分

廈 每疋作五身　每疋七錢五分

泉　每疋七錢五分

嗶吱 絨紗 每疋五身　每身一錢五分

中嘉錦　每疋四分

南台 進口有十疋上每百疋折六十五疋　每疋二分八厘

十疋下不折疋數　每疋二分二厘四毛

出口不分十足内外　每疋二分八厘

上嘉錦　每疋六分

南台進口有十足外每百疋折六十五疋　每疋四分

十足内不折疋數　每疋三分二厘

出口不分十足内外　每疋四分

中庄錦　每疋七分

南台　進口有十疋外每百疋折六十五疋　每疋二分八厘
　　　十疋内不折疋數　每疋二分二厘四毛
　　　出口不分十疋内外　每疋二分八厘
梆條錦　每疋七分
織絨　每疋二分
涵江　每疋四分

牛羊絨　每疋二分

剪絨　二丈上為連　每疋六分

漳冉平絨　二丈上為連　每疋七分

姑絨　每疋一錢

金絨　每疋一錢四分

小絨　每疋作五身　每疋七錢五分

牛浪絨　每疋一両五錢

土綾　每疋五分

南台　進口有十疋外每百疋折六十五疋十疋内不折疋數　每疋三分

每疋二分四厘

出口不分十疋内外　每疋三分

廈　每疋三分

泉
進每疋三五分
出每疋四分

中馬輕綾
每疋二分

南台
進口有十疋外每百疋折六十五疋十疋內不折疋數
每疋一分六厘

出口不分十疋內外
每疋二分

泉履
每疋三分

涵江　每疋二分

絹　每疋二分　涵江每疋一分

裡絹

土　絹　每疋一分

土絲

斜文絹　每疋四分

東京

屯絹　每疋五分

西洋絹　每疋七分

女兒絹　每疋一錢

如連　每疋二錢

棉紗班条　每疋二分

絲布

絲班条　每疋四分

綢緞紗羅褔鸛幔靶

長行新市棉綢衣着棉綢棉綢　每疋四分

棉衣綢南台進口十疋外每百疋折六十五疋　每疋四分

十疋內不折疋數　每疋三分二厘

出口不分十疋內外　每疋四分

泉廈　每疋二分

新市長行綢　南台　進口十足外每百足折六十五足　每足二分

十足內不折足數　每足一分六厘

出口不分十足內外　每足二分

泉廈　每足二分

潞綢　每足五分

南台　進口有十足外每百足折六十五足　每足三分五厘

十疋內不折疋數　每疋二分八厘
出口不分十疋內外　每疋三分五厘
花紅縐紗上紡綢　每疋五分
南台　進口十疋外折仝上　每疋三分
十疋內不折疋數　每疋二分四厘
出口不分十疋內外　每疋三分

泉　進出　每疋二四分

劉五店　每疋二分

中花綢色　每疋四分

南台　進口十疋外折全上　每疋二分

十疋內不折疋數　每疋一分六厘

出口不分十疋內外　每疋二分

廈門 泉州 涵江

串素綢　每疋二分

每疋五分

南台　每疋三分

進口十疋外折全上　每疋二分四厘

十疋內不折疋數　每疋三分

出口不分十疋內外

泉　每疋二分

重綢　每疋五分

南台　進口十疋外折全　每疋二分五厘

十疋内不折疋數　每疋二分

出口不分十疋内外　每疋二分五厘

泉廈　每疋二分

涵江　每疋四分

烏杭輕綢　每疋二分

南台　進口十疋外折全　每疋二分

十疋內不折疋數　每疋一錢六分

出口不分十疋內外　每疋二分

春綢　每疋四分

南台　進口十疋外折全　每疋二分

泉厦

走内不折疋数

出口不分十疋内外

綿綢

南台

進口十疋外折仝上

十疋内不折疋数

每疋一分六厘

每疋二分

每疋二分

每疋四分

每疋四分

每疋三分五厘

泉
出口不分十疋內外
每疋四厘

廈
每疋二分

溪央
每疋四分

西機
每疋二分

南台
進口十疋外折全上
十疋內不折疋數
每疋一分六厘
出口不分十疋內外
每疋二分

泉廈	每疋三分
繭綢	每疋六分
南台	每疋四分八厘
廈	每疋三 每件六分
白石司	每疋三分
泉	進每疋三分 出每疋六分

牛浪綢　每丈二錢五分

廈　每疋作八身　每疋二两

泉　每疋二两

土綢　每疋一分

東京綢　每疋四厘

廣蔺綢　每疋四分

廈 箕件　每件八分

洋綢　每疋八分

宫綢 西洋綢 甯綢 線綢 線綹　每疋一錢

上緞　每疋一錢

南台 進口十疋外折仝上　每疋三分五厘

十疋内不折疋数　每疋二分八厘

厦　出口不分十足內外

每疋三分五厘

每連疋四八分

白石司

每疋四分

泉

進　每疋四七分

出　每疋七分

中緞

南台　進口十足外折仝上

每疋二分五厘

泉

廈

線緞

十疋內不折疋數

出口不分十疋內外

南台

進口十疋外折全上

十疋內不折疋數

每疋二分

每疋二分五厘

每疋四分

每疋一錢

每疋二分八厘

每疋二分二厘四毛

一

出口不分十疋内外　每疋二分八厘

中閃緞　每疋七分

南台

進口十疋外折全　每疋五分

十疋内不折疋數　每疋四分

出口不分十疋内外　每疋五分

泉廈　每疋四分

番八絲　每疋七錢五分

厦　每疋作五身　每身一錢五分

軟緞　每疋五分

彩倭緞　每疋七分

錦紡緞金絨緞、　每疋一錢

上廣紗　每疋一錢

南台
進口十足 每足三分五厘
外折全上
十足内不
折足數 每足二分八厘
出口不分
十足内外 每足三分五厘

廈門
白石司 每足四分

泉
進 每足四分
出 每足七分

中紗 每足七分

南台　進口十疋外折仝上　每疋二分五厘
　　　十疋內不折疋數　每疋二分
　　　出口不分十疋內外　每疋二分五厘
泉　每疋四分
廈　每疋四分

中綿紗
南台　進口十疋外折仝上　每疋二分四厘

十疋内不折疋數　每疋一分九厘二毛

出口不分十疋内外　每疋二分四厘

泉州劉五店　每疋二分

漆紗　每疋四分

南台進口十疋外折仝上　每疋二分

十疋内不折疋數　每疋一分六厘

出口不分
十足内外
每疋二分

涵江
白石司
每疋二分

漳紗
每疋五分

泉廈
每疋三分
每連一錢

軟紗
每疋五分

泉
每疋三分

帳紗　每疋二分

南台　每疋二分八厘

土紗　每疋一分

鸛燈紗生紗銀條紗　每疋二分

羅斗紗三丈為疋零碎五塊折一疋　每疋二分

湖紗　每疋四分

春紗桂花紗大紅花縐紗
素紗上縐　每疋五分

上羅　每疋五分

南台進口十疋外折全上　每疋二分五厘
十疋內不折疋數　每疋二分
出口不分十疋內外　每疋二分五厘

涵江　每疋四分

泉　進出每疋五分

軟羅　每疋五分

泉、　每疋三分

褐衫子　每疋二分

鶴紗衫　每疋二分

絲幔　每個七分

南台

泉厦

布水幔　每個二分八厘

布幔　每個四分

小絲絲布幔　每件三厘

靶子　每件六厘

每條一分

每疋二分

冬夏葛蔴各布

粗冬布　每疋三厘

泉履　每疋六厘

各色粗布　每疋三厘

泉履　每疋六厘

絨布　每疋六厘

南台涵江 每疋二分

羅布斜文布 每疋六厘

涵江 每疋三厘

線眉布細冬永春布 每疋六厘

雲藺布絲布 每疋二分

竹紙布 每疋二分

中洋布 每疋八分

西洋斜文布 每疋一錢五分

破布布碎帮 每担一分

各色零星布料 每担三錢

大小緝布 每担四錢

烏外灰布大白布濶二尺八寸 每担四錢

南台

大白布各色細布每百疋折八十疋 每疋六厘

赤紗石門布北新橋布白梭布九寸飛花布扣布

余姚漂白布粗夏布粗縐布進口每百疋八折如出口不折 每疋三厘

涵江

色布紫花布藍布崇明布紅布

每疋四厘八毛

扣布沙頭布信義布九寸布余姚布

每疋三厘

白石司

色布 每百疋八折

每疋六厘

大白布 每仝箕十疋 每疋六厘
小白布 每仝箕十疋 每疋三厘
沙埕
大白布色布 每百疋八折 每疋六厘
小白布 每百疋八折 每疋三厘
甯德

色布　每色算三十疋　每疋六厘

大白布　每仝六分

小白布　每仝三分一厘二毛

福甯

大白布色布　每百疋八折　每疋六厘

赤黃紗布　每百疋八折　每疋二厘

小白布 每百疋八折 每疋三厘

粗夏布 每疋三厘

厦 每件一分二厘 疋六厘

泉

各色粗夏布 每疋三厘

厦 每件一分二厘 疋六厘

泉

永春夏布 每疋六厘

屨足照件加倍

蕉布　每疋三分

屨足照件加倍

土葛布武平葛琉球粗葛　每疋一分

草

海南葛中葛布　每疋三分

山城

上葛布　每疋四分

海葛大西洋葛　每疋一錢
潮黄蔴布　每疋一分
哆囉蔴布　每疋三分
粗蔴布　每担二錢

宮衣戲衣番衣故衣雨衣

綉補　每塊一分八厘八毛

補褂　每件七分

霞帔　每件七分

緞蟒袍朝衣紗仝　每件一錢

布戲衣布絲軍衣戲甲　每件一分

綢緞小甲軍衣　每件二分

綢緞戲衣大戲甲戲蟒袍　每件七分

布番衣　每件一分

緞番衣　每件七分

故布衣　每件四厘

南台安溪　每件三厘

故綢衣　每件八厘

油紙雨衣　每百件四分

油布雨衣　每百件六錢

袍褂馬褂衫袄披風披肩背身甲仔
襯褲裙褲套
緞袍料　每件一錢
南台　每件一分八厘
泉　每件四分
繭綢袍料　每件六分

南台

綾紬袍料　每件四分八厘

棉綢袍料　每件四分

漳縐紗袍料　每件五分

漳姑線絨羽縐宮綢袍料　每件一錢

嗶吱羽毛紗袍料　每件一錢五分

呢袍褂　每件一錢五分

緞大紅綉袍　每件一錢

南台　每件二分八厘

布夾袍　每件一分二厘

羽毛緞　每件三錢

絲布袍　每件二分

小綢花錦葛布袍　每件四分

小緞袍　每件五分

緞織絨袍　每件一錢

羽綢漳絨織絨袍紗仝　每件一錢

紗袍料　每件一錢

南台　每件二分八厘

泉　每件四分

涵江　每件七分

綉大紅紗袍　每件一錢

緞褂料女仝　每件七分

南台　每件二分

線綢緞褂料　每件七分

南台　每件二分

織絨褂料　每件二分

素綢綢綾綿紗褂料　每件四分

綿

潼絨羽綿宮綢褂料　每件七分

姑

嗶吱羽毛紗褂料　每件一錢五分

呢褂料　每件二錢五分

羽毛緞褂料　每件三錢

綉褂緞褂緞夾褂　每件七分

南台　每件三分六厘

綢夾褂　每件七分

南台　每件三分二厘

青布外套　每件六厘

青布夾褂　每件一分二厘

小緞褂南京貼褂　每件一錢五分

小緞褂　每件三分五厘

綉綾褂綾織絨褂　每件五分

漳絨羽綢織絨褂緞織絨褂　每件七分

緞女褂料　每件七分

南台　每件二分

綉緞女褂　每件七分
南台　每件二分八厘
泉　每件一錢
綉緞女衣　每件七分
南台　每件二分八厘
泉　每件一錢

紗褂料　每件七分

南台　每件二分

涵江　每件五分

泉　每件四分

輕紗褂料　每件二分

緞馬褂料　每件二分

漳絨錦緞織絨馬褂料　每件二分

以上馬褂例　廈　每件二分五厘

涵江　每件四分

棉錦綢馬褂料　每件一分

宮綢緞線緞毡馬褂料　每件一分五厘

嗶吱馬褂料　每件七分五厘

羽紗馬褂料　每件五分

嗶馬褂料　每件一錢二分五厘

羽毛緞馬褂料　每件一錢五分

布馬褂　每件六厘

布織絨馬褂　每件一分二厘

紗馬褂料　每件二分

履　每件二分五厘

涵江　每件四分

綢衫　每件四分

南台　每件二分

棉綢衫　每件二分

繭綢衫　每件三分

素串綢衫	每件五分
布短衫	每件三厘
布衫	每件六厘
蕉布衫	每件一分
葛布衫	每件一分五厘
洋布衫料	每件一分

紗衫　每件七分

廈門　每件四分

綢紗衫　每件四分

南台　每件二分四厘

輕紗衫　每件七分

南台　每件二分

厦

生紗衫料 每件四分

漳紗衫桂花紗衫 每件二分

綉縐紗衫料 每件五分

綉緞袄 每件七分

每件七分

南台

每件二分八厘

泉　每件一錢

緞綉金袄　每件一錢

南台　每件二分八厘

涵江　每件五分

綢短袄　每件三分

南台　每件一分六厘

布袄　每件一分二厘

棉綢短袄　每件一分

小綾袄織絨袄料褐子袄絲布袄料絲布女袄　每件二分

繭綢短袄　每件一分五厘

布織絨袄　每件二分六厘

蘭綢袄縐紗短袄　每件三分

西綾袄縐紗袄料綾袄料棉綢袄褐子織絨袄

小緞袄　每件四分

綉綢緞袄　每件五分

綉縐紗袄緞袄料姑絨袄姑絨女袄大紅姑絨女袄

每件七分

姑絨夾袄　每件一錢
嗶吱袄料　每件一錢五分
綉緞披風　每件七分
南台　每件一分八厘
泉　每件一錢
綉綾披風
西機　每件五分

綉緞女披風　每件七分

花雲肩綉金雲肩　每個六厘

南台　每個三厘

緞披肩　每個一分八厘八毛

彩画綾綢背身　每件二分

南台　每件一分

緞背身　每件三分五厘

南台　每件一分四厘

涵江　每件二分

繡金緞背身　每件五分

南台　每件一分四厘

涵江　每件二分

紗背身　每件三分五厘
南台　每件一分四厘
浛江　每件二分
繡金紗背身　每件五分
南台　每件一分四厘
浛江　每件二分

縐紗甲仔　每件一分七厘

棉綢襯　每件一分七厘

南台　每件一分六厘

履　每件一分

蕉布襯　每件六厘

蔴布襯　每件一分

葛布襯　每件七厘五毛

繭綢襯　每件一分五厘

潼紗襯線綢襯　每件一分七厘

綿綢褲　每件一分七厘

南台　每条一分六厘

履　每条一分

布褌　每条三厘

蕉布褌　每条六厘

葛布褌　每条七厘五毛

繭布褌　每条一分

繭綢褌綾褌　每条一分五厘

漳縐紗褌羅褌　每条一分七厘

線綢褲綢褲　每条一分七厘
綉金裙綉金緞紗裙錦緞紗裙　每条七分
南台　每条二分八厘
涵江　每条五分
帷錦緞錦紗白石司　每条六分
綉綢裙　每条五分

綉綢裙 每条五分

南台 每条二分

泉州 每条七分

輕紗裙 西 每条七分

南台 每条二分

廈 每条四分

淡西裙彩西裙　每条四分

南台　每条一分六厘

涵江　每条二分

綾裙　每条四分

南台　每条一分六厘

泉　每条三分

綢裙	每条二分
南台	每条一分六厘
廈	每条四分
冬夏布裙	每条六厘
絲布裙	每条二分
軟綢紗裙羅裙	每条四分

綉羅裙縐紗裙　每条五分

羽毛緞裙呢裙　每条二錢

綉裙鏡　每個六厘

綾綢緞褲套　每双一分七厘

南台　每双一分六厘

緞紗裙　每条七分

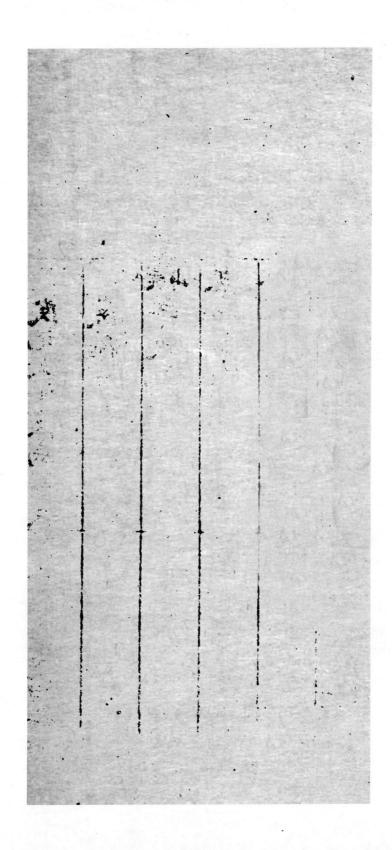

皮袍皮褂皮馬褂皮袄皮背身皮甲仔

皮褲皮褲套

老山羊皮袍料　每件三分

羔羊皮袍料　每件九分

狐皮袍料　每件一錢五分

灰鼠皮袍料　每件四錢八分

狼皮袍料	每件六錢
銀鼠皮袍料	每件一両二錢
布山老羊皮袍	每件三分六厘
布羔羊皮袍	每件九分六厘
緞羔山老羊石虎各皮袍	每件一錢三分
姑絨羔羊皮袍	每件一錢三分

緞狐綢紗狐緞川鼠各皮袍　每件一錢五分

緞灰鼠皮袍　每件一兩二錢四分

老山羊兎皮石鼠各皮褂料　每件一分八厘

羔羊獺皮各皮褂料　每件六分

川鼠狐皮各皮褂料　每件一錢

灰鼠皮褂料　每件八錢

銀鼠皮褂料　每件八錢

布老山羊各皮褂　每件二分四厘

緞老羊皮褂　每件四分八厘

緞山羊皮褂　每件六分

布羔羊皮褂　每件六分六厘

緞羔羊狐皮各皮褂　每件一錢

緞灰鼠皮褂　每件三錢六分

緞銀鼠皮褂　每件八錢四分

山老羊石鼠兒皮各馬褂料每件九厘

羔羊川鼠獺猫皮山猫狗皮麂狐皮各馬褂料　每件三分

灰鼠馬褂料　每件一錢六分

狼豹皮馬褂料　甲仔仝　每件二錢
銀鼠馬褂料　每件四錢
海龍馬褂料　每件四錢
布老羊馬褂　每件一分二厘
綢緞老山羊緞兔皮各馬褂　每件二分三厘
布羔羊獺猫皮馬褂　每件三分六厘

緞獺皮川鼠羔羊山狗貓皮狐鹿皮各馬褂　每件五分

緞灰鼠馬褂　每件一錢八分

緞銀鼠海龍皮馬褂　每件四錢二分

布老羊短袄　每件一分二厘

繭綢老羊短袄　每件二分三厘

繭綢緞綢羔羊狐皮各短袄　每件五分

綢羔羊皮女袄　每件八分

布羔羊長袄　每件三分六厘

老羊皮背身　每件九厘

狐皮背身　每件五分

布老羊皮甲仔　每件九厘

羔皮皮甲仔　每件一分五厘

灰鼠皮甲仔　每件八分

老羊皮褲料　每件九厘

羔羊皮褲料　每件一分五厘

緞綢皮褲腿　每双三分

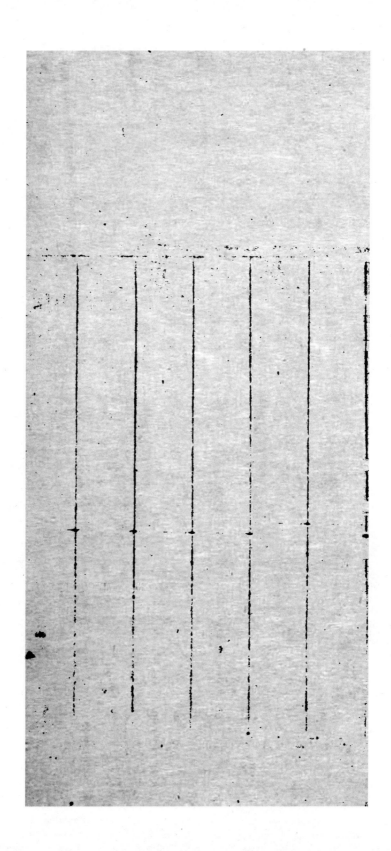

帳幔帳眉被面夾被被頭褥椅褥椅墊

轎褥棹圍簾

夏布帳　每頂一分八厘

生紗帳銀條紗帳　每頂二分

羅漳紗綉綢各帳　每頂一錢

紗綾綢綯紗各帳　每頂八分

繡縐紗帳　每頂二錢

彩錦
洋布織錦幔天各帳　每頂二錢

象布帳幔　每担八錢

布帳眉　每個一厘

繡西綾帳眉　每個一分八厘八毛

花布被面　每個六厘

甯德　每捆六分

洋布被面　每個二分

南台
涵江　每個四分

布羅布斜文手巾布各被面　每個六厘

綉花布番絲布各被面　每個二分

錦被面　每個七分

南台　每個三分二厘

緞被面　每個七分

南台　每個二分八厘

泉廈　每個四分

閩緞被面　每個七分

南台 泉州 廈門　每個四分

繭綢被面　每個三分

綉緞綾各被面　每個七分

南台　每個四分

洋綢被面　每個八分

涵江　每個一錢

洋緞被面　每個一錢

南台

	每個四分
綢棉綢絲幔緞各被面	每個四分
縐紗被面	每個五分
金絨線倭緞嗶吱各被面	每個七分
綉呢嗶吱被面	每個一錢五分
布花布各夾被	每個一分二厘

繭綢夾被　每個三分六厘

呢夾被　每個一錢五分

布被頭　每個六厘

洋布褥面　每個二分

南台涵江　每個四分

洋緞繡緞綾各褥面　每個七分

南台　每個四分

閃緞褥面　每個七分

南台 泉州 廈門　每個四分

洋緞褥面　每個八分

涵江　每個一錢

狗皮褥　每個九厘

布夾褥　每個一分二厘
印花皮褥　每個四分
虎皮倭緞絨各褥面　每個五分
呢褥面　每個一錢五分
錦緞金絨緞各褥面　每個七分
佳文蓆椅褥　每條六厘

鑲緞布椅褥緞倭緞漳絨洒線各椅褥　每條一分八厘八毛
金絨緞椅褥　每條三分七厘六毛
羽毛緞呢椅褥　每条四分
絨坐褥　每条五分
布椅墊　每個三厘

涵江　每個四厘
緞椅墊　每個一分八厘八毛
南台
廈　每個六厘
籐佳文蓆椅墊　每個三厘
鑲緞布椅墊　絨仝　每個六厘
綉金倭緞呢金絨緞椅墊　每個一分八厘八毛

倭緞哌金絨緞轎褥墊　每個一分八厘八毛

布棹圍　每条三厘

皮棹圍　每条六厘

洒線嗶吱棹圍　每条一分八厘八毛

金絨緞棹圍　每条三分七厘六毛

哌轎圍　每条三錢

羽毛緞哔𠲕園皮印花坑床圍　每条四分

寫作印花皮褥

布簾　每条三厘

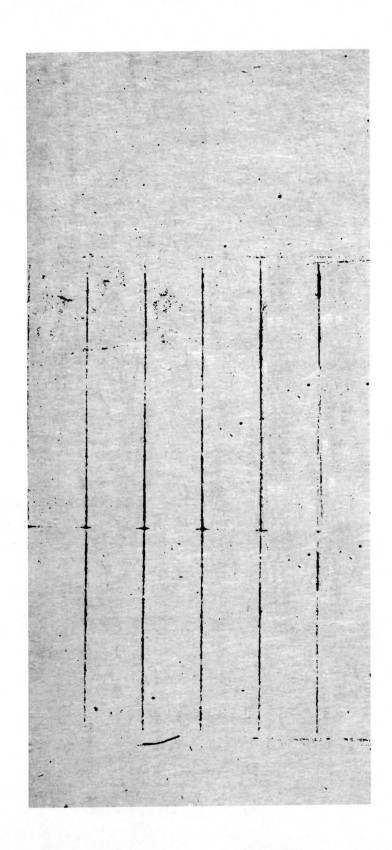

枕面枕頭席毡毯領袖口 每付六厘

繡金枕頭面 每付六厘

南台 每付三厘

紬緞布鑲佳文席各枕頭面每付三厘

緞鑲佳文席錦緞絨各枕頭面每付六厘

金絨緞枕頭面 每付一分二厘

蒲枕	每百個四分
枕頭坯	每百個五分
籐皮各枕頭	每百個一錢
布靠枕	每個三厘
皮靠枕皮西瓜枕	每個四厘
緞靠枕	每個六厘

羽毛緞呢各靠枕　每個一分八厘八毛

蒲蓆　每百条四分

草蓆　每百条六分

竹蓆　每百条二錢

戈里蓆　每百条二錢

籐枕頭蓆　每塊六厘

糊籐蓆　每領一分

細籐蓆細龍鬚蓆　每領五分

上佳文蓆牙蓆　每領一錢五分

中佳文蓆　每領一錢

下佳文蓆　每領三分

糊龍鬚蓆　每領二分五厘

猩猩毡　每丈三錢

廈　每疋作十身　每身三錢

泉　每疋三兩

普羅毡　每件一錢

假普羅毡　寫作織絨　每疋二分

論條者

毡片　每条二分

羢毡条　每条二分

明秤者

毡碎　每担一分

粗毡条毡鞍籠　每担二錢

線毯絪頭毯川口毯　每条二分

綉花毯印花皮毯畨毡洋毡　每条八分

嗶吱綉花毡　每条一錢五分

呢毯　每条二錢五分

明秤者

毛担　每担三錢

南台　廈門　每担二錢
涵江　劉五店

毡毯鶴毡　每担二錢

棉紗毯　每担三錢

布毡領絲布領　每百条五分

緞綢領絨領嗶吱領　每百条一錢

錦綉緞領呢領　每百条二錢

兎狗皮領　每百条一錢

獺皮領　每百条二錢

獺皮領　每百条二錢

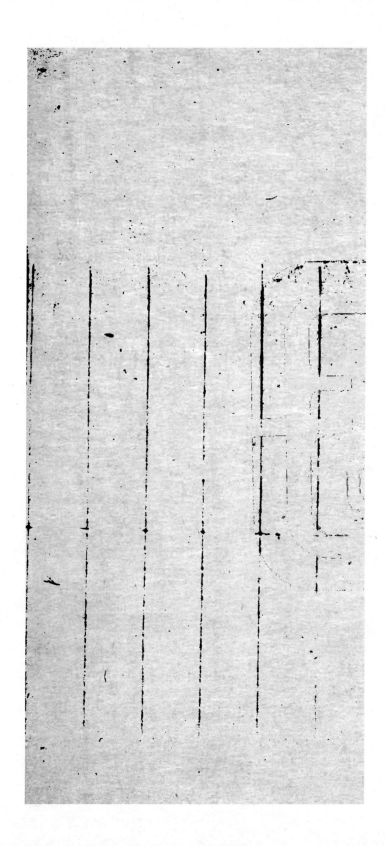

狗兎皮領　每百条一錢

獺皮領　每百条二錢

海龍皮領　每条一分

披風領　每条一分八厘八毛

狐豹皮領貉皮領（惟狐皮十条）　每条二分五厘

綉金袖口　每付六厘

南台　　每付三厘

絲布袖口　　每付四厘

緞袖口　　每付六厘

綉緞手袖口　　每付三分七厘六毛

兎皮羔羊皮袖口　　每付三厘

山狗皮狐獺皮袖口　　每付五厘

灰鼠皮袖口　每付八厘
銀鼠海龍皮各袖口　每付二分
豹皮駱駝海騾各袖口　每付五分
貂

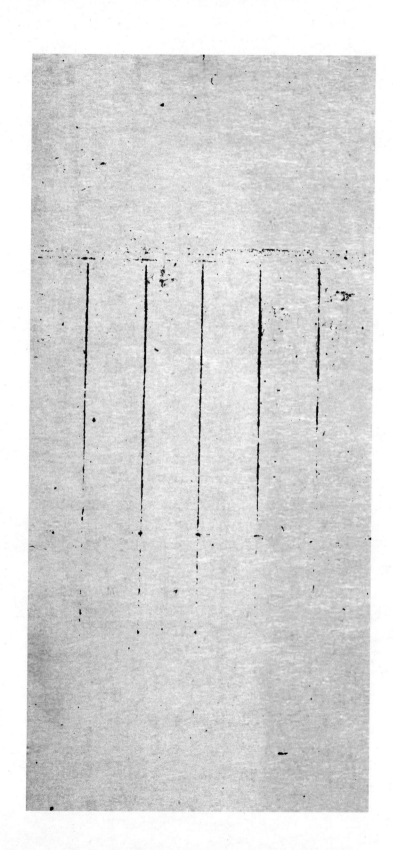

帶帶頭帶環手帕鏡帕汗巾絛線繩網

線網紗

小絲緞綢帶　梅花進仝　每百付一錢

綾綢絨紗絲各腰帶布扣帶每百条付三錢

明秤者

棉紗帶　每担三錢

棉紗帶　每担三錢

絨帶絲鞭帶　出洋加倍　每担二両六錢

緞帶頭　每百付一錢

銅帶頭　每百付四錢

玉帶頭　每個二分

緞角帶頭　每百個八厘

番綾挑六串帕　每塊条一分
縐紗綉帕　每条一分八厘八毛
西洋手帕　每十条一錢
綾綢絨紗各手帕包帕　每百条三錢
大紅鏡帕綉鏡盖　每個一分八厘八毛
布手巾布班条手巾葛巾雪巾　每百条五分

葛布手巾　每百条一錢

西洋手巾　每十条一錢

絨紗綢綾姑絨番布絲班朶絲布班朶挑各手巾　每百条三錢

論疋者

洋絲綢手巾　每疋四分

烏巾　每連三分

帳絳裙縕宮燈縕　每付六厘

各色縱重絲線　每担二両六錢

履　每担一両二錢

苧蔴線棉紗線　每担三錢

金絨絃線　每担二両六錢

苧繩紅頭繩　每担三錢

新網線　每担三錢

破舊網紗　每担三分

涵江　每担一錢

新網縕紗　每担三錢

經緯纓絲苧蔴棉絨欄杆

經緯　每担二两六錢

舊帽幃　每担八錢

絨傘絨　每担二两六錢

雨纓　每担三两

舊雨纓　每担八錢

湖絲　每担二兩六錢

南台進口有十斤上九折　每担一兩三錢

十斤以下不折

出口不分十斤上下　每担一兩三錢

廈　每担一兩二錢

泉進口　每担一兩二錢

出口　每担二両六錢

絲渣　每百斤折實三十斤　每担照湖絲征

南台　每担二両六錢

廈　每担一両二錢

土絲　每担八錢

虫絲　每担六錢

黃絡蔴　每担三分

苧蔴 繵　每担八分

湖棉 即絲棉　每担一两六錢

南台十斤以上九折　每担一两一錢二分

十斤以下不折　每斤一分〇〇八絲

棉花　每担一分六厘

臭棉花 舊棉絮 帶子棉花　每担六分

番帶子棉花　每担一錢

淨棉花 新棉絮 班枝花　每担一錢六分

番棉花　每担二錢

火艾棉　每担三錢三分三厘

大欄干　每板九厘

小欄干

每板四厘五毛

平口平口面荷包烟荷包烟包火鏈包

衣包紙袋香袋扇袋肴袋布袋兜肚

/ 搭連被囊

啞平口　每百個五錢

南台　每百個六錢

泉　每百個三錢

呢小平口　每百個一錢五分

絨嗶吱平口　每百個三錢

絨嗶吱平口面　每百個一錢五分

呢平口面　每百付二錢五分

呢碎　每担照呢平口面一百付算

布皮荷包　每百個一錢

緞綢嗶吱荷包　每百個三錢

布烟荷包　每百個五分

皮烟包袋布仝　每付一厘

嗶吱綢緞羽毛綿紗繭綢絨烟包袋　每付三厘

呢烟包袋　每付五厘

皮布烟包　每百個五分

小者　每百個二分五厘

小毡烟包　每百個二分五厘

緞羽毛嗶吱綢紗絹絨烟包　每百個一錢

呢烟包　每百個二錢

皮火爈包　每個一厘

緞呢火爈包　每個三厘

皮布紙袋　每百個五分

縐紗絹緞絨羽毛嗶吱紙袋　每個一厘

呢紙袋　每個二厘

錦香袋百斤　每百個八厘

錦緞扇袋　每百個二錢

乾坤鏡牙籤袋檳榔袋消息袋扳指袋

每百個一錢

以上看袋若呢做者　每百個二錢

夏蔴布袋　每担二錢

羅棉布袋　每担三錢

皮毡衣包　每個六厘

布包袱　每個三厘

洋布色袱　每個二分

皮布兜肚　每百個一錢

搭連　每担三錢

被囊　每担三錢

緞兜肚　每百個三錢

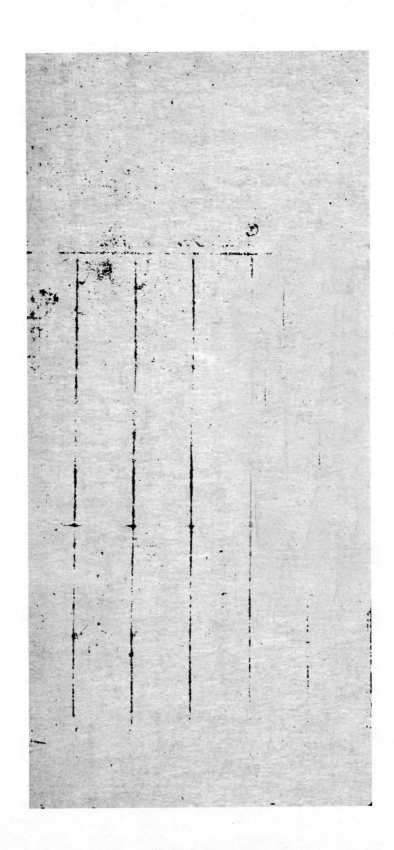

冠巾笠帽頂色頭

紙冠　每千個八厘

銀銅錫絹絨各冠　每百個八分

戲冠　每百頂三錢

君子巾髻巾　每百頂一錢

戲巾　每百頂三錢

紗女巾綢巾　每百頂五錢

草笠面　每百個一錢

泉　每百個二錢

涵江　每百個五分

綉笠胎　每百個二錢

涵江　每百個一錢

竹籐笠胎　每百頂二錢

草帽面　每百個一錢

涵江　每百個五分

泉　每百個二錢

草帽笠　每百頂一錢

涵江　每百頂五分

泉　每百個二錢

緞帽胎　每百頂一錢五分

涵江　每百頂一錢

泉　每百頂二錢

緞帽　每百頂二錢

南台 泉　每百頂三錢

小緞帽　帽仔　每百頂一錢五分

南台　每百頂一錢

布帽小布帽仔

孩兒帽　棉紗帽　每百頂一錢

籐涼帽番籐帽　草　每百頂二錢

呢帽絨戲帽各帽　每百頂三錢

小呢絨帽　每百頂一錢

馬尾和尚帽　每百頂三錢

細毡帽　每百頂三錢

粗毡帽　每担二錢

有緯剪絨帽 涼　每百頂五錢

無纓剪絨帽 番絲 毡雨帽　每百頂三錢

油布雨帽　每百頂一錢
油帋雨帽　每百頂二分
軟緞帽　每百頂一錢五分
小者　每百頂一錢
番牙帽　每頂五分
帽圈　每百個八厘

羊皮帽小羊帽　每百頂一錢

海龍騾皮狐狸皮無纓騷皮各帽　每百頂五錢

無纓獺皮帽　每百頂三錢

有纓騷皮帽　每百頂七錢

絨帽面　每尺二分

帽面　每百頂一錢

呢緞綢紗羽毛剪絨各帽邊　每百頂一錢五分

兔皮帽邊　每百付一錢五分

獺皮帽邊　每百付一錢

海龍帽邊　每百付二錢五分

貂皮帽邊　每百付二兩五錢

帽上皮尾靶　每百条八厘

銀鼠尾靶　每百条一兩

笠頂錦帽頂　每百個八厘

綢絨緞核桃頂四百個折一百個　每百個八厘

綾綢絨色頭　每百条三錢

紗色頭即烏巾每連十条　每百条三錢

靴鞋木屐襪跪剔膝褲

緞靴馬皮靴　每百双一両

小者　每百双五錢

布靴牛皮靴　每百双六錢

小者　每百双三錢

紗靴　每百双一両

小羊皮靴　每百双三錢

靴底　每百双六分

布皮鞋柴底鞋　每百双一錢五分

小者　每百双七分五厘

緞綢鞋　每百双二錢五分

小者　每百双一錢二分五厘

棕鞋草心鞋　每百双一錢五分

毡羅鞋　每百双二錢五分

鞋底　每百双六分

布皮鞋面　每百双七分五厘

緞鞋面　每百双一錢二分五厘

木櫅木套柸　每百双二分

小者　每百双一分

女木套　每百双二分

小女木套柸　每百双一分

木履屐棕屐　每百双四分

皮木屐　每百双七分五厘

布单夹袜　每百双四錢

小者　每百双二錢

毡膝褲　每百双一錢

緞綾膝褲　每百双二錢

緞紗袜絲鞭袜　每百双八錢

小者　每百双四錢

棉紗袜　每百双四錢

布襪頭半襪　每百双一錢

布襪底　每百双三錢

粗毡襪　每担二錢

絨毡襪　每担三錢

緞紗襪面錦緞襪面　每百双四錢

綾緞護膝　每百双二錢

藥材

牛胆　每百個三錢

當歸姜活茯苓石黄樟腦砂仁五味子
每担三錢

兒茶血竭龜筒　每担三錢三分三厘

青黛虎骨膏　每担三錢五分

木香　每担四錢

海馬　每百對五錢

枸杞川芎胆礬　每担五錢五分

西附子石燕　每担六錢

牛黃 益母 丸药丸 每色十粒 百色千粒　每百色六錢

鐘乳石　每担七錢

一廣木香　每担九錢

蘄蛇　每百条一两

乳香欝金波羅松香　每担一两一錢

川附子雄黄水銀没石子川貝母蘆薈乌参皮膏

硼砂膏葯　每担一两二錢

没葯　每担一两二錢三分

輕粉辰砂　每担一两三錢

鹿角膠龜膠阿魏肉桂肉菓石蟹竹黄豆蔻
虎阿

紫河車羚羊角　每担一两三錢六分

人中白　每礶二分

鹿茸熊掌黄連官連氷片土沉香　每斤三分

熊胆牛黄冰片人参　每斤三錢

人参 南台　每斤二錢一分

夹板人参 即洋参　每斤一錢五分

元参桂子南星胆星大黄沙参桂皮蓁艽

細辛地黄苦参杏仁桔紅柑皮巴豆續斷

桔皮陳皮米禾甘草青皮香附升蔴檳榔

一

信石 蒼朮 黄栢 荆芥 半夏 防風 泊荷 龟板
黄花 知母 石糕 木通 山梔 乾姜 芎藭 厚樸
澤瀉 白芨 草蔻 全蝎 豬苓 山查 勾籐 鱉甲
蒙石 狗脊 海石 胡連 黑丑 白丑 海藻 白斂
亭刀 草烏 草蔔 乾葛 藁本 鎖陽 漏芦 磁石
柯子 梨芦 紫菀 蓽薢 斑毛 地榆 烏辛 甘菊

滑石蒲黃青鹽石葦蟬退杜仲桃仁石蓮
春花棗仁百合萎仁紫蘇桑皮茅香益母
羌蚕連喬眼喬黃精武夷蒺藜樸硝艾葉
甘松山籟昆布常仁草仁防己益智芡實
良羌山菂扁豆逢石淡底白芷白术紫梗
炉底龍骨蘇梗川烏車前赤石芦藤桂枝

木賊天麻藿香常山梔子凡葯

千金子兎絲子使君子畢撥子木鱉子

大楓子地大夫梧桐子蛇床子光明子

小豆子牛旁子黄葯子白葯子金英子

鼠粘子桔子乾龍胆草金銀花自然銅

欵冬花天花粉皀角刺劉寄奴冷飯塊

火蔴仁銀柴胡紫石英海風籐刺蝟皮
草河車海金砂夜明沙淡竹葉石菖蒲
破故紙穿山甲雷公籐大腹皮枇杷葉
五加皮白蘚皮薏米仁栢子仁水安息
石决明千尾薯骨碎補補骨脂石楠藤
馬脛骨龍鬚草馬兜鈴淫羊藿湯起石

圭冠花何首烏桑白皮鮑魚壳土茯苓

莎草皮根王不流行　每担一錢

桃皮　每担四分

萆麻子蘇子　每担六分

金櫻膏　每担八分五厘

蛇乾蜈蚣乾　每百条三錢

山珍海錯

醃猪　每隻三分

南台　涵江
泉州　廈門　每担三分

醃肉　每担三分

醃牛肉　每担一錢

醃雞鴨　每隻一厘

醃鷄	每隻五厘
醃蛋	每百隻五厘
麂腿	每担二錢
涵江	每担一錢五分
醃獐麂腿	每担二錢
牛筋	每担一錢

泉　每担一錢五分

馬筋　每担二錢

鹿筋　每担二錢

牛肉脯龜肉　每担一錢

牛鹿脯　每担一錢二分

鹿脯　每担一錢五分

獐脯　每担二錢

燕窩　下等者有註明係单　每十斤四錢

泉厦涵江　每十斤三錢四分

毛燕窩　每百斤或折七十斤八十斤折實每百斤照燕窩稅

紅燕窩　每十斤二錢

魚子　每担一錢五分

沙魚尾　每担二錢二分七厘五毛

鰈魚海參　每担三錢

鰻魚鮑魚魚翅　每担四錢五分五厘

海粉　每担一兩

蝦乾螺乾蟶乾銀魚乾沙魚乾目魚乾蠔乾殼菜

肉蟈乾蛤乾沙蚕乾淡曼乾淡菜乾

蝦米丁香鮰魚肚曼肚魚鮑龍虱腸

每担一錢

沙魚鮝　　每担一錢

南台　　每担三分

黄仸鰳魚鮝曼参鮝　　每担三分

目盬沙魚盬青鱗壳菜盬魚子帶魚盬戱蝲盬蜆螺盬蟨　　每担三分

鰮鮭竹蟶鰣鮭鎖管鮭鱌鮭　每担三分

滷蠣螺滷殼菜　每担三分

魚脯江魚脯　每担三分

糟魚糟鰣魚　每担八分

塩魚肚蝦糠　每担一分五厘

魚餌扁魚熟魺沙柸蠣醬蝦殼醃蝦淡魚闲

白蛤泥蚶螟蛉　每担三分

海蜇　每担六分

菓品糖料

藕薺蓉小梨山梨菱角紅果　每担一分五厘

桔子白菓佛手柑香圓木瓜大梨石榴　每担二分

楊梅乾菱米　每担五分

核桃蓮肉蓮子丸藕粉橄欖欖仁青菓
落花生柿餅白梅乾李干枣干榛干
松子栗子瓜子枣子　每担六分
桔餅元香花生仁核桃肉荔枝干龍眼干
仙草干　每担一錢
酸葡萄　每担一錢二分

甜葡萄　每担二錢五分

龍眼肉膏　每担五錢

鹽金棗桔鹽洋桃梅鹽山渣桔核鹽李梅鹽枇桔鹽柑梨鹽羌瓜

鹽桂花鹽蜜羅柑　每担二分

鹽桃豉　每担三分

青菓豉鹽青菓　每担六分

蜜浸丁香蜜浸呵噠子　每担八分五厘

南台　每担一錢二分

蜜浸金棗青丁瓜文冬蘭花桂花　每担八分五厘

什糖菓　每担八分五厘

涵江　每担六分

明姜梅醬番檨干桂花餅桂花糖枣糕山查
糕金櫻糕糖糊糖菓　每担八分五厘
糖水　每担一分
冰烏黑糖麥芽糖糖膏　每担三分
沙精赤糖　每担六分
白糖　每担一錢

冰糖蜂蜜　　每担一錢二分

菜蔬粮食茶子栖子沙羅子椰子

桐子青子菜頭子

石花衣菜　每担八分

南台安海石碼
銅山南山辺　每担一錢

亀雞脚菜海白鹿角菜赤菜　每担八分

黃花菜　每担一錢二分

金針菜木耳　每担一錢二分

紫菜　每担一錢

烏菜

釣錦菜　每担四分

鵝掌菜

苔菜　每担一分六厘

脯菜

烏笋干　每担八分

甯德白石司　每担四分

沙埕

篆笋白笋干　每担八分

冬姜笋　每担一分五厘

烏松紅菰　每担一錢

香菰簞　每担二錢

磨菰　每担三錢

老菜羌　每担一分五厘

香芋葱姑　每担八分

京米　每担六分

南台　每担二錢

西國米　每担二錢五分

土做西國米　每百斤作六十斤折　每担二錢五分

豆麥蕎麥芝蔴田豆索麪麪粉正粉干粉

蕨粉葛粉薯粉粉心粉漿水粉薯丸米粉　每担一分五厘

米粉員　每担六分

紅米餅粬餅葯　每担四分

菁菜子　每担一分五厘

茶柚子沙羅子　每担一分六厘

桐椰子　每担一分八厘

菜頭子　每担一錢

茶酒檳榔椒料烟

細茶葉　每担六錢

中茶葉　每担三錢

粗茶葉　每担一錢

厦口中粗茶葉　每担二錢

順昌酒各様酒　每瓶一厘五毛

大坛算六瓶　每坛九厘

小罐者　每三折一瓶　每罐五毛

簍　每簍

酒大酒　每坛九厘

土酒　每百斤五分

膏粱酒　每百斤一錢

紅毛酒（裝箱每箱十五瓶 瓶小者二小算一瓶） 每瓶二分

小酒惠泉酒 每埕四厘五毛

涵江 每埕九厘

水梹榔 每担五分

南台 涵江 每担一錢

蜜浸梹榔 每担八分五厘

南台　每担一錢二分

梹榔　梹榔子蘆子塩梹榔　每担一錢

胡椒　每担八錢

泉厦　每担七錢五分

胡椒皮　每担六錢

八角大茴香　每担八分

花椒　每担一錢

醬油豉油豆油豉麪醬醬料番醬瓜番醬料

豆乳　每担八分

碎烟葉烟末散倉六折　每担四分

土烟烟絲　每担一錢五分

倭烟　每十斤一錢六分

鼻

水烟　每担三錢

土烟葉　每担八分

籐棕草坭澁水

黄白藤水蒻籐籐絲籐鞭桿　每担八分

番籐鐲　每百付四分

箭戟桿　每百根八厘

棕片棕絲棕衣裙棕器物　每担八分

香草　每担八分

涵江

排草　每担八分

草薢仙草干　每担一錢

通草草片　每担二錢

燈草　每担四錢

碗葯　每担四分

南台　每担一錢

碗泥碗土　每担四分

碗鈿臭泥　每担一錢

鳥丁泥　每担三錢三分三厘

油渣餅油籸　每担一分五厘

牛油渣　每担四分

蕈渣　每担一錢

糖水　每担一分

浭水　每担二分

醎水

柿汁水　每担三分五厘